KESKIVUODENAIKA

Tauno Mathlin

KESKIVUODENAIKA

Runokokoelma

© 2016 Tauno Mathlin
Kannen maalaus: Tiia Koskinen
Kustantaja: BoD – Books on Demand, Helsinki, Suomi
Valmistaja: BoD – Books on Demand, Norderstedt, Saksa
ISBN: 9789523392786

Sisällysluettelo

JUOKSU

PAREMPI JUOKSUKELI

Juna kulkee pimeässä
juoksen itseni edelle
ohi hylätyn asemani

Turvasähkö on katkeamassa
aika tiivistyy iholleni
pisaraakaan ei tule paitani läpi

Korppi ronkuttaa matalalla
nyrkit nousevat nahkapoterostani
takovat runkoon selviytymiskykyä

Tossu on uusi ja kimmoisa
pian jalkani kaveri
Sokeana sukellan yhä syvemmälle
syden mustaa kosteuteen

AINA ON ALKU

Kevyt hipaisu,
herkkä värähdys, yhteys
Havisevia syksynlehtiä,
tummaa inspiraatiota, yötöntä loistoa

Tällä sinisellä pöytälevyllä
kopertuneet kädet, firmankynä
keskipäivän maitokahvi
ajattomuuden mahdollisuus

Vain kourallinen raidekiviä
suurimman junani kyydissä
vastatuulen suoristamat kasvot

KESKEN

Jätin paljon kasoja tienvarsiin
jokin kasasi isompaa läjää
poltti puuta miilussa
teki tervaakin sakeampaa mestariteosta

Olisin minäkin valinnut
sen yhden tien
sen yhden kotipesän

On vain nämä palaset
särmikkäät ja pistelevät

SULAVESIÄ

Isot kalat harmaan sulavesissä
tämän kevään istutusmonnit ja yksi alkuperäinen

Tarinat sukupolvieni suonissa
kireät jänteet lumpioissa
ajassa halkeilleet salaisuudet
syvä uni ja aivovajoama

SUUNTA

Tunnen karkkilakon tulevan
vihlaisun taaimmaisessa hampaassa
Haistan hien pesuaineen alta
menneen kesän kuntokuurin
Asetun hajareisin lähtötelineisiin
yli-ikäisen kananpojan kohtalonhetki
Hengittävä goretex luo näkymän
pisteen sameassa mykiössäni

KESKIVUODENAIKA

Ilma kuin oksennus, perustaltaan vihreä
keskeneräiseksi jäänyt

Lehdessä messuilmoitus,
tarjolla muovia ja muita elämänhidasteita
en ehdi lukea loppuun

Vaihteeksi merinorsu
keskivaiheilla lihava hylje
lenkin lopussa tahmea norppa

Numerolappu pysyy rinnassa
numerot vaihtuu ja vilisee
koskaan en paremmaksi ehdi

ORAAT

Peltoni oraat on nopeasti leikattu
heinä vyötetty kauniisiin nippuihin
hiukset jakaantuvat sarkoihin,
suunnitelmaksi

Kasken mystinen savu kiemurtaa
yskien nousevat kurjet
tavallista kookkaammat
minulle luontoaan huutavat

Ohuet sormet taipuvat työlle
verestävien silmien alle asettuvat
löytävät vajavaisen näkymäni
enemmän kuin elämäni

KIERIÄINEN

Tähtään keskelle tyhjyyttä, ammun ja irtaannun
saan helposti kympin

Viima kourii kylkiluitani, jäykkiä banjonkieliäni
kiertää arkaa ruotoani, laskee taakkaa selälleni

Nahkainen naamioni löystyy hivenen
vapisevat haamut mekkaloi
naakkaparvi lehahtaa ulos

Silmäkulman viillokkeessa
ärtynyt ja kostea kohta

LEHTIKASOJA

Muista tämä iltapäivän hetki
ilmavirta lehtikasoissa
luonnon repeytynyt esirippu

Hymy vie paljaille kallioille
uhmarinnoin alkavalle pimeydelle
Valo joka vaihtuu pian syliin
lohdulliseksi vuodenajaksi

ERILAINEN

Vartiotornissa vareksen silmät
aivojen alueella tihenevä juoni
dekkarismi myy eurolla sata sivua
insinöörien hyväksymää kyytiä

Valtavissa ojissa viisaat kasvot
letitetyt leukaparrat, banaanitoukat
Kuuliaisille vapaaliput todellisuuteen
yhteiseen erilaisuuteen, samanlaisuuteen

KÄTKETTY KIPU

Se on jo löytynyt
metsään hyljätty eläin
kuolleeksi toivottu

Peilissä kirpeitä säröjä
tasapainoani uhkaavia
Luuta lakaisi kaiken, yritti ainakin

Se mitä katson nyt
muuntuu kivusta vihaan
kyllästymiseen

En tunnusta näitä kasvoja, muotopuolta varjoani
viisari vääntyy hyiseen pohjoiseen
sieluni kestävyydeksi

NUORI ISÄ

Kahvipöydässä veikeä ilme
jännittynyt jousi pumpulipedillä
sulassa sosiaalisessa sovussa

Kuinka olit vahvaa ja erehtymätöntä puuta
pihkaista ja todentuoksuista havua

Vaikka luulin metsän varhain kuolevan
nyt sulamaa kertookin tarinoita
on perintötakkisi kainalossa
yhä vahva haiskahdus sinua

RUTIINILLA

Tyhjä asema, tyhjä silmäkuoppa
tyhjä koliseva museo
Kevätmaisema, katoava unelma
muistojen sinetöimä kuvaelma

Hetki on nyt, kädetön suru
toistojen laitapakki lataa kokemuksella ja taidolla
kun intohimonsa saa

ASEETON

Huurrehelmiä ylähuulellani
en ole vanha, en nuorikaan
Veivaan ryhtiäni paremmaksi
sentin olen menettänyt, seuraavasta taistelen

En tiedä mielipiteistä, asenteista
asetun keskelle, en keskustaan
tyydyn, mutta osaan tuntea

Tahdon katsoa uutisten läpi
seuraavaan päivään
utopian uuteen aamuun

He sanovat, että olen uneksija
voi kun he sanoisivat niin

VASTUSTUSKYKY

Jalkatappi ilman kumisuojusta
kylmän metallin painallus
vyöhykepisteestä flunssaiseen kärkeen

Sataa seittejä ja rihmastoja
kuumeisen pään huomioita
taskulämmintä ja sekavaa

Syvin pimeys virnistää vastaan
näyttää korjaamisen välineitä
tahtoa avata ikkunat selälleen

TIAISTEN RUNSAUS

Havupuiden muinaiset kannelleuat
syksyn haaleilla käsivarsilla
Kuusikon toiseksi pienin
etsii, hyppelee, piiloutuu

Pyrstö luo tunnistettavuuden
karvapallo synnyttää hellyyden
bongaajien pikarien varret nirskuvat
halutessaan menevät sirpaleiksi

Koirat, lapset, sulavat hankipaikat
vilkkaat sointukulut, sunnuntaihetkien siunaukset
nostavat katseensa,
nähdä lajien valikoitu diskografia

METSÄNREUNA

Kuivuuttaan rutisevat oluttynnyrit
loputon pohjakosketus ja määrätietoinen jano
Olet jo kaukana toisaalla
loputtomien peltosarkojen päässä
Joku maalaa sinut talteen
ennen kuin metsänreuna nielaisee

KEVÄÄN SUURI RAKKAUSRUNO

Purosta karkasi viisaus
höyryäviä ja kylmiä kuplia
tiivistyi itkeneelle iholle
  kosti ja kosketti
muistutti mitä jäi kesken
ja mihin olin menossa
tällaisen putouksen edessä sukellan
sillä muuten en sydäntäni ymmärrä

RASSATA HAAVAA

Se oli viimeinen syyspäivä
lämpimin kaikista
sain hetkeni puhutella sinua

Nojasit kapein kyynärpäin
olit osa haastavaa pöytäseuruetta
neuroottinen kuraattori oikealla

Kynä putosi kädestäsi
nippu hiuksia lensi huonoksi jakaukseksi
nauroit yhtä kovaa kuin säikähdit

Koko pöytä lakosi tai vaimeni
neliveto heittäytyi poikittain
voima oli puolellasi
vahvat köydet vetivät sinua

Kanjonin ikikivi raateli
erämaa nauroi hullun nauruaan
et halunnut sulkea silmiäsi

Minä sanoin, että nauttisit edes
tänä viimeisenä syyspäivänä

TAAKKA

AIKATYÖLÄINEN

Aika on sulamaton etureppu
vaivalloinen nousu jäykällä selällä
väljähtänyt kahvi kitalaessa
liikaa majoneesia kinkkusämpylässä

Me ollaan vanhaa lihaa vakuumissa
vääristynyttä tietoa vuosirenkaissa
kerrospukeutuminen ja vaikea suoli
kourallinen särkylääkettä
aina uusi uneton yö

En häpeäisi olla muuta kuin minä
nämä ympärille asetetut peilit

MINÄ JA TE

Tippa toivoa lautasella
nuorison ohutta mikropuuroa
erilaisia sanavalintoja
aikuisten sekavia suuntaviittoja

Aamu on välähdyksiä ruudulla
murskattuja puolukoita rintataskussa
ette tunne niiden poimijaa

Tehtäväni on näyttää hiekoittamaton ylämäki
jonka kapuan taakse katsomatta

KELLO KÄY

Olet siinä, ajan hermopulssilla
mukamas rentona, takki auki
selkämys reikiä täynnä

Eikä oteta enää selkänahasta
en usko sellaiseen
nahka on ajat sitten pois kuoriutunut

Minua vaivaa vain tämä kaupunki
ihmisten harrastusvimmat
nopeasti täyttyvät parkkipaikat
ja pystyyn kuolleet lähimetsät

FARKKUSHORTSIT

Kärki punainen
haalea ja epäileväinen
kesän väsynyt kaislikkohauki
lumpeisiin sotkeutunut, väljähtänyt

Hapsuissa koti ja maadoituspiste
otsaviirun kelmeä katse, likinäköinen

Kissojen perkkeeksi tunkiolle joudat
turvakolostasi ennen itsesi löysit
kesän joutilaisuuden palkkion
sitä sinä et ansaitse

Seppälän alerekistä minut poimit
jos vielä kerran uskallat
nenäsi kankaalla kokkeloin
kesärannoille sinut vielä johdatan

PEPPI

Sylkäisin ulos kiekurapillerin
kasvoin vahingossa aikuiseksi
luulin pärjääväni vakavuudella

Väärä Peppi liittyi punkbändiin
oikea kääntyi vielä enemmän oikealle
eikä tuntenut kun ihmistä kysyttiin

IKÄ

Ikä rapisee, hilsepilvinä leijailee
sirottelee päälle tiilenmurskaa

On ryskämiehen nyrkit kuoriutuneet
farkut kadottaneet kuosinsa

Eikä naamaa saa nuoremmaksi
ei raakavedelläkään suoremmaksi

Koho painuu veden alle
iän lyijymöntti vie mukanaan,
tuo itsepäinen veijari

Olet ikävä ystävä
varmasti tuntuva tai turra
varmasti uskollinen

LYÖNKÖ TAKAISIN?

Mies huutaa nokkeluuksia
salama iskee puun viereen
hymyilen vinosti, rauhoitan koiraa

Levykauppias huijaa, selittelee
minä harrastan loputonta sovittelua
maksan enemmän mitä sovittiin

Voisinko tulla vihaiseksi kun keskitien mulkut kiipeävät
otsalleni
enkä näe harmia, vaikka kassit peittävät näkyvyyden

Ikäni puolesta ei kannata suivaantua
turpiin vedän vain omasta halusta
pulssi pitää minut hengissä
vaan ei poksauta korkkia kattoon

AJAN LUKKO

Normaalia pienempi vauva, pystyasennossa
vanhempien graduprojekti, yhä vaiheessa
akateemista keskiluokkaa, tänään keskivertoa

Elämä ei opeta, eikä koulu pakota
somen turvallinen puudutus
nuorison miellyttävä makuuasento

On aina yksi mies nurkassa,
arjen kuntoutusohjelmassa
hymy suupielillä rekisteröi maiseman
turtuu kehänsä sisään

E-NAUTINTO

Viaton muffinsi välkkyvällä tarjottimella
koukuttava joukkonautinto, sähköinen kaulapanta
Harva kieltäytyy, harva katsoo peiliin
nähdä haalistuneet silmämme

Automatiikka on osa aivojamme
vain pikaherkut kelpuutetaan
Emme valita, koska näemme kaiken
yksinkertaisuudelle ei ole varaa

Netti on yksinäinen nälkäinen asukas
hoitokodin paljas ja voimaton huuto
maailman märkivä haava

KUNINGASLAJI

Miksi venyttäisin arkaa ääntäni?
totuus voi ollakin turpeessa
likaisissa hampaanväleissä,
niiden ylivuotisissa siemenissä

Valtavalla voimalla vimman mestariksi
rääkillä ja pitkällä juoksulla
oman radan juhlituksi sankariksi
vaikka mielen hauraalla palkintopallilla
aina pilkka ja epäilys

IKÄNI UNTA

Puruhampaassa reikä
vasen kives aavistuksen alempana
nukun keski-ikäisen päiväunta
lyhyttä ja jatkuvasti keskeytyvää

Etsin asumusta unen rajalta
pehmennän kasvumaani syvän jään
annan jähmettyneen kastemadon herätä

Vanhalla sohvanmakuutekniikalla
verenpaine pysyy sopivana
taakan ja haaveen syleilyssä
syvästä raavittu valokuvani

NUORI

On varmasti kostea lehti
kellastunut ja kesästä uupunut
On toinen merkki lähempänä
vihollisena nahkasi alla

Totuuden Xbox-örkit ulvovat
sähkönpintaa myöten ryömivät
hauraan nuoruutesi sekoittavat

Tule kotiin eksynyt cowboy
urbaani nuori viestiketjussa
välinpitämättömyytesi kahleessa

LIBIDO

Ratsaille, ratsaille
älymooses, kuihtunut siansorkka
helteelle ja uima-altaalle
palaa rahaa, pahaa mahaa
sinä sulaa vahaa

Tukeva ote kaiteeseen
drinkki vasempaan käteen
horjuva ote virvan sihinään

Toden seksuaaliympyrässä
paljon perunaa ja heikkoa lihaa
toimistotuoleilla lukittuja lanteita
sisäänpäin kääntyneitä räjähdyksiä

VALINTA

Henkilökohtaisesti,
olet nauru kaatopaikan yllä
lihava rotta ensimmäisellä haaskalla

Perinpohjaisesti, en ymmärrä tekojasi
jähmettymistä avoimen oven edessä
nopeita taka-askeliasi

Olet kituva voima muovipullossa
laimentunut happo soodavedessä
itsesi suosiolla kadottanut

Aina on haaskallasi lihavat päivät
yltäkylläisyyden kangistamat siimahännät
turtuneen elintason lajitoverisi
kun loppuun asti ei tarvitse yrittää

ISÄT

Isäni vältätyssä pellossa
miesvoiman raa'assa aukileessa
Veljesi valkoisessa paidassa
pyhänä henkenä syksyn kuurassa

Lokakuu siunasi työteliäät kädet
laski lepoon hartiavoiman

Taivaanrannan oranssissa välissä
arka myhäily, läpitunkeva tuikahdus
isiemme valtava perintö

SELVIYTYJÄT

Taajama on muuttunut taantumaksi
pysyvät vauriot rikastavat persoonallisuutta
Luu kestää pahimmankin rääkin
paukkuu ja napsahtelee, amputoi pehmeät kohtansa
Kuivunut kaula-aukko valahtaa esiin rullakaihtimista
ankara nänni kertoo menneestä kesästä pystypäin
Kiukkuiset persevoimat nytkähtelevät
tyhmät yrittävät, viisaat väistyvät, tyytyvät vähään
toimistopöytä lennähtää ikuiseen yläasentoon
Maaliskuu on sama kuin marraskuu
tie routii ja pettää yhä syvemmin
Ne perkeleet hymyilevät meille
eikä meillä ole antaa kuin tämä muovinen irvistys

KIVIÄ

Kuka lastasi kiviä tarakalle
joku repii minua hartioista
Miksi on aina vastatuuli
vaikka toimenkuvani on pyöriä ympyrää

Hallitus ei huomaa varpaankynsiä
vaan leikkaa jalkapöytiä
kiusaa liikenneruuhkassa meitä somevammaisia

KUILU

Fuck me, spreijattuna sähkökaappiin
nauran, mutten hersy
iso hymiö sen alla

Kannustan kesyyn anarkiaan
perusrokkiin ja stadionkonsertteihin
laitan pyykkini aina neljäänkymppiin
huudatan nuorisoräppiä, genelecin täydeltä
mutta sammutan aina näytön

Rohtuneilla huulillani haaleaa punaa
virnistys on yhtä kuin kokemus
vuosirenkaiden jälki on historiaa
teille totuudeksi kerrottua

MAALISHAALISTUMAA

Kaupunkipöly ja koiran kuono
metallin miehet tupakilla harmaissa haalareissaan

Lähimetsä ja laulun tisahdus
kuusikon pyrstötiainen
koirani pelästyttänyt joutsen

Pölyn alla kuplii keväinen koski
vielä romuluiset sanat, ujostelevat
Vaikeassa asennossa piilotettu liike
väkinäinen floppaus riman yli

Liian paljon tyhjiä sivuja
kaikki mykät kilometrit, aikomukset
Vino ja vahva ranka, tekstiiliä myötäilevä
atleetin tylsä kynänpätkä

Työhuoneessa, rivitalossa, ruotsin laivalla
aina samat seinät ympärillä
Tänäkin keväänä ahdas muistutus
pelokkaan punainen kärki

NUORISOLLE

Ilo voipuu askelista
nuoruuden pikku kömmähdyksistä
voima valaa uutta uskoa
helkähtelee ja kiusoittelee
uskoo vaikka ei kannata uskoa

Parta kasvaa hitaammin
kauneus viipyilee kukassaan
Sinä poika, sinä tyttö
työnänne tulevan sydämet
rohkeammat ristiaskeleet

Pienissä paloissa, teidän käsissä
koko repaleinen elämä

VAHVUUKSISTA

Pitkä mies unelmoi
haahuilee ajatusten kulkukoirana
Nukahtaa iltapäivän tunteihin
tähän syväjäädytettyyn aikaan

Havahtuu hetkeen
ei tahdo parastaan muistaa
pitkiä luitaan, ovimiehen paikkaa
syntymälahjojaan

KYLÄ

Polku koleassa kajossa sinertää
outo tuuli hyväilee kämmenselkääni
Näen kasvoja, kyläni hahmoja
samassa ruukussa kasvaneita

Polku kapenee sisäänpäin
metsän kädet rajattomuuden verhona
Kuljen ohitse katseeni kääntäen
selkäpiini revontulet hyväksyen

SUOJA

KOLME ASTETTA

Aina kolme astetta aamulla

harmaa peitto taivaan yllä

mustaa ja peittävää metsämaata

monipuolista multaa kengänpohjissa

Aina sydämessä avoin eteinen

täynnä sotkuisia takkeja

ja hukattuja sateenvarjoja

tervetuloa ilman kynnysmattoa

Ja kun lintu lentää oksalle

sinä pysähdyt,

kuuntelet lapsesi kanssa

humiseeko tuuli vai tuntematon?

VOIMA

Se meni läpi minun hartioista
nosti laukkuja hattuhyllylle
kantoi lapsia reppuselässä

Valtava pullisteli kaikkialla
nauruna, loputtomana kujeiluna
läpsyinä ja voitonmerkkeinä

Syyssateet haurastuttivat parrun
vauriota hoidettiin, mutta huutamista varottiin
kumi lopulta tyhjeni, pumppukin oli vieras

Isäni pellonpäässä kehoitti
kaivamaan ojastani vielä pitemmän
puhdistamaan perintöni liejusta

Nykyisyyden majassa aioin levätä
saada sykkeeni vielä kerran nousemaan
omaksi omalaatuiseksi voimaksi

SIINÄ YTIMESSÄ

Keitin perheelle puuroa
lepytin tulehtuneita hermosoluja

Sunnuntaikin lepopäivä, mukamas
ainoastaan yrityksiä ja keskeytyksiä

Odotin valmista kaaoksen keskelle
likaisten vaippakuorien ja uhmaitkujen

Saisin edes yhdet nokoset
alas rullautuvat silmäluomet

SYKSYNTEKIJÄ

Katsoin likaisen lasin läpi
katsoin kirjaviin lehtiin, taivaisiin

Annoin elämän nuolla hikeä kasvoiltani
piirtää sotkua selkääni,
veteen liukenevaa lapsen työtä

Annoin teen hautua pannussa
katoin lehdettömälle pöydälle,
sen kuihtuneille kukille

Jaksoin odottaa pitkää iltaa
hukuin syksyn koleaan hiljaisuuteen,
etäisiin eläimen haukahduksiin

Etkä tullut yön syvyydessä
olit mykistänyt sieluni

MIEHEN RUNO

Aistin silmiesi alla pelkoa
olet niin rohkea,
että minua heikottaa

Näen värisi jo haaleina
vaikka aurinkosi voi syttyä
vielä polttaa järkeni

Olet tavallinen mies
ennalta arvattavin ilmein heräävä
tuuli autiomaassa
minkä halusit minut oivaltavan

Me emme etsi yhteistä
vangitsemme vain hetkiä
totuutta suloisempia olotiloja

VAARA

Naapurissa kaikki kuin sisustusohjelmassa
lapset nätisti tuplarattaissa
toinen nukkuu, toinen tottelee

Vaatii tahtoa nähdä paketin ihanuus
kuuden kuukauden koomaunilla

Puoliso hukkuu läppärin sisään
näprään puhelinta koiralenkeillä
Onko vaivan arvoista tuntea itsensä
keski-ikäistyä kitkerin sanankääntein

Palkkiona jenkat lanteilla ja koulun ohjauskeskustelut
Eläkepäiväsi on peruttu, lukee hallitusohjelmassa

KEVÄTNUKUTUSTA

Kompressorin kevyt hurina luo hyvänolon tunteen
takapiha kuin maatunut ruumis
vain mustarastas ja talitiainen ovat tulleet

Jaksan keinuttaa hyvälaatuisia vaunuja
poika nukahtaa kymmentä vaille, se on varma
Alennuspiponi kiristää ohimolta
ja on aivan turha tässä säässä

Luonto on kosketusetäisyydellä
en ole hereillä, mutta näen paljon
Poika nukahti viittä vaille
joku huutaa naapurissa: onko kahvia?

IMURILLE

Autat minun elämää
vedät puoleesi eläintarhaa
pientä kättä jalkaa, rytmiä hakkaavaa

Olet tuskieni vierinkivi
Ferrari törkykasan juurella
hyökkäys arjen kaaosmaassa

Ilman sinua olisin vain tuhiseva pussi
kriittisesti laajeneva aivosaaste
paikoilleni jysähtänyt

YSTÄVYYS

Ystävyytemme harso narulla
moneen kertaan pesty, kovin virttynyt
Meitä ohjaavat samat askelmerkit, tuopinaluset
puheet pillusta hevirokkiin

Olen aina osannut sulkea puhelimen
kun ei huvita
nykyään huvittaa yhä vähemmän

Olen hoitanut haavani loppuun
pakannut muistomme pahvilaatikoihin
varaston kivilattia, raskas ja kipeä
tänäänkö jotain muuta?

UNIKOULUSSA

Poika nakkaa päätä taaksepäin
potkaisee kuin äkäinen hauki
Laitan kämmenen pojan vatsalle
kapeamman mitä muistan

Itku ei lopu parilla taputuksella
vaippa pettää sivusta,
kastelee meidät molemmat

Hoitopöydällä inisee uninen jannu
uusi vaippa luo tyytyväisyyttä
Neljännen herätyksen jälkeen kello on jo puoli viisi
tuleva viides stressaa vähiten

Aamu lupaa kypsyvää mustikkasatoa
poika jokeltelee tyytyväisenä sängyssään
mietin, kuinka säilöisin tämän hetken?

KÄDET

Pehmeät vaahtomuovimiekat
tarpeettomat
Luisu vuori möykkyistä lihaa
ilman vastusta

Hylsysarjat ja jakoavoimet
Bilteman tunkit, akkukäyttöiset
Ikämiehen huvit ja helpotukset
etäällä elämän korroosiosta

Tyhjä letku levätköön yössä
niskahartia on uneni huono vartija
karaistuu tai surkastuu
joku tekee valinnan puolestasi

Kädet, sinun kädet
uutena raapii kämmenselkääsi
puristaa ja muistuttaa
mitä meillä oikeasti on

JÄLKILÄMPÖ

Käännyin vastaantulevien kaistalle
meillä oli kiire asuntonäyttöön
oltiin vanhoja toisillemme ja uusia tälle kaupungille

Keitin illalla riisiä kattilassa
poltin sormeni ja itkin tarpeettomasti
kätesi ei enää lohduttanut
katseesi piti hetken aloillaan
lentoon lähtevää mustarastasta

ILTAKEINUSSA

Käki kukkuu maaliskuussa
tyttö lentää taivaalla,
ajatuksena iltaruskon edellä

Juna jyrisee metsän takana
mustarastas laulaa välissä
maailma on ilmavalokuva,
kuusenlatvasta otettu

Kumirengas hapertuu ajassa
keinun narut ovat kettinkiä
eikä tulevaisuus tunne säästöä,
vain vauhtia ja turvakaiteita

HYVÄNNÄKÖINEN

Sillanpään vuosikertaa,
ei edes lukulaseja
nojaa vasten kuistin seinää,
sopisi Dressmanin kuvastoon

Vanhempiensa paljain huuto
syntymähetkellä seisoma-asennossa
kipua ja kiukkua, oireilevaa nahkaa
Yamahan kestäviä kierroslukuja

Täydellä ryminällä uudelle vuosikymmenelle
häpeämätön hymy ja ajattomat viiksesi

LÄTÄKÖT

Sade kasvattaa sietokykyäni
koira on läpeensä märkä
tyttö iloisesti rapakoissa
pompussa ja roiskeessa

Pakko pysähtyä kello kolme iltapäivällä
katsoa tylsistyneenä sadetta
en tiedä minne
on aina kiire jonnekin,

Oivallus piiskaa pisaroina
metsä on raikkaudesta märkä
ja alkava kevät, se värähtää
kuin ensimmäisen peipon pyrstö

POIKA

Poikani kartta kahvipöydässä
ruskeat avaruusheijastimet vilkuttavat tähtisadetta

Varma naula maankamaralla
ankkuri huolettomuudessa
katse ja pieni nouseva sormi
nenänpäässäni hetken viattomuus

Täytyn punaiseksi, yhteydeksi
ylpeys nostaa käteni ylös
hillotahra ikkunassa viilentää
vaan ei estä kyyneliäni

HÄMÄHÄKKI

Älä pelkää hämähäkin tassuttelua
yllättävää liikettä kämmenselälläsi
rohkeutta elää ohuella langalla

RINTAKEHÄ

On piilossa sydämesi,
on lapsia kaukana leikkimässä
on kurainen ja nouseva kenkä
muljahduksia juurten risteyksissä

Menee ja löytää sokea mies
vauhko kevätpyörre avaa takinliepeet levälleen
ja näkee kun ei siristele

Ei, et lepäile, kun menet vaan
vieras objektiivi tallentaa löydetyn ryhdin
kuusikoissa tiukuu herkimmät kellopelit
rintakehäsi on avautunut, maailmasi on havahtunut

IÄN TUOMAA

Lämmin kosketus kämmenselkään
hipaisu korvalehdessä, värinä takaraivossa
nuoruuden ja lihan

Silmäpussit ovat pois kuivuneet
korvat himpun verran kasvaneet
harmaa sataa hitaasti, hoitaakin

Ilme on peittynyt vuosien puuroon
sydämen signaalit yhä säteilevät
tarinoita pursuilee peiton alta

Mies nojaa kuluneeseen mustaan
huomaa haalistuneen kangasmerkkinsä,
pian irtoavan palasen

TUULIMYLLYT

Lapset valvotti yöllä
selkä ei taipunut aamulla asentoon
silmissä sumua ja särkynyttä mosaiikkia

Netti valtasi aamupäivän
väsyneet sivut vilistivät
sohva uinautti vartiksi

Iltapäivän tunnit yllättivät
(kello neljä ja taas ruoka-aika!)
ensin vaipat, pyykit ja kiukkukuorot

Tunkilla läpi arjen roudan
kiukulla ja kipeällä polvella
kesärenkaat ja tunnin lenkki

Tuulimyllyt ja väsyneen osa
kaadunko suorilta jaloilta?

AIKAMME

Näytän teille aamun leikkauslistoja
kurjia tarinoita, huomisen toivottomuutta
Salaisuutena kerron, että maailmassa onkin toivoa
avoimia silmiä, paikoillaan pysyviä terälehtiä

Työkaverisi uupuu vieressä
silmälasit nitisevät linssipaineesta
Ministerit muuttavat koko ajan suuntaa, eksyttävät
on täysin turhaa hikoilla lakanat rullalle

Aamiaispöydässä peloton poikani
leipä tungetaan suuhun kokonaisena
Moraalitonta on vain uskoa
tummien silmien väkevään loistoon

HYVÄ ELÄMÄ

Kaiuttimissa surisee rollarit
villapaita pärjää ilman pesua koko talven
Elämä kohisee vaikka iiris haalistuu
kynä tahtoo muuttua kirveeksi

Horjahdukset, tämä pudonnut kahvikuppi
vain vahvistaa lohdullista kuvaa

Perinteinen sujuu ilman pitoa
varsi elää ja hengittää, enemmän kuin koskaan

Kotisatama, ikuinen univaje
meidän levoton revontuli
enempi kiitosta kuin menetystä